AF535091

La partition d'une hypersensible

Virginie Guérinet

La partition d'une hypersensible

Recueil

LE LYS BLEU
ÉDITIONS

ISBN : 979-10-422-1765-5

Préface

Imaginez un escalier ascendant, menant jusqu'à un grenier. Une pièce non visitée depuis des années, que vous décidez d'explorer aujourd'hui. Vous découvrez un endroit sombre, poussiéreux, traversé par des rayons de lumière provenant de quelques faîtières. À mesure que vous pénétrez dans cet espace, vous y faites la découverte de meubles et objets anciens.

Votre attention se porte et se fige sur un coffre. Celui-ci est rempli de photos cartonnées, sonorités et senteurs d'antan. Il regorge de souvenirs et émotions, certains sont plaisants, nourrissants, d'autres inconfortables, voire douloureux. Il y a des choses qui sont à vous et d'autres qui ne le sont pas. Pourtant elles sont arrivées dans votre maison, dans votre intimité, dans votre histoire.

Entre douceurs et noirceurs, poésie et tragédie, vous vous sentez comme pris en otage. Empathie, rires, pleurs, anxiété… Un tourbillon émotionnel, une intensité qui vous fait vous sentir parfois victime, parfois coupable. Refermer le coffre. Ne plus ressentir. Ne plus souffrir.

L'histoire pourrait s'arrêter là.

Virginie Guérinet a fait le choix de laisser le coffre ouvert, et a continué d'explorer. *Ce n'est pas en regardant la lumière qu'on devient lumineux, mais en plongeant dans son obscurité*, disait

Carl Gustav Jung. Un déclic opéra lorsque son regard se posa sur une photo d'elle, enfant, avec au dos l'inscription suivante : « Qu'aimerais-tu dire aujourd'hui à la petite fille que tu étais ? ». Instantanément, elle commença à écrire : « Ce n'est pas grave que tu aies tout absorbé ». Ce furent les premiers mots d'une longue série de vers libérateurs, thérapeutiques.

Accepter d'avoir été malmenée. Pardonner, pour soi. Évacuer et transformer.

À l'image d'un grand nettoyage de printemps, peut-être pourriez-vous vous saisir de ces choses dont vous souhaitez vous débarrasser dans ce grenier, afin de conserver uniquement ce qui vous est utile et bénéfique. Vous pouvez alors vous munir d'un grand sac et le remplir de tout ce qui n'a plus sa place dans votre esprit, avant de l'abandonner loin de vous, disgracié.

Lorsque vous remonterez l'escalier, vous pourrez savourer l'apaisement dégagé par le lieu. Enfin, peut-être pourriez-vous choisir quelque chose correspondant à une ressource importante pour vous, que vous allez redescendre dans votre maison. De quelle façon l'émotion que vous procure cette chose pourrait devenir votre alliée de tous les jours ?

Dans ce recueil, Virginie vous accompagne avec toute son humanité dans la (re) découverte de vos émotions les plus enfouies, puis se charge de les sublimer avec délicatesse. Elle vous prête son miroir afin que vous puissiez changer de regard : de l'hostilité à la tolérance envers soi. Avancer, à l'image d'un chasseur de photons vers chaque infime particule de lumière, puis composer peu à peu sa propre mélodie, sa partition.

Aurélie Rayet

Et si je démarrais par la fin. Une histoire sans début. Des images formant le rébus.
De ma vie, de mon monde et ses confins.

Cheveux blancs qui ondulent à la rosée brumaire. Contemplant ici-bas, ma lumière crépusculaire.
Mon horizon se fait plus clair.

Reculons un peu, quelques pas en arrière. Éloignons-nous, et visionnons le panorama.
Le point est sublime. Une fresque vendémiaire.
La récolte d'une vie, douce et tanique, enivrante et cyclique.

Poursuivons ce film, déroulé marche arrière. S'éloignant de mon hiver.
L'art est ma boussole. Je me vois écrire, noircir le papier, éclaircir mon été.
Il est assagi, empli de bonté.
Voici la récolte aux estives de ma vie.

Comment ma corne d'abondance s'est-elle donc remplie ? Objet si pointu quand il n'est pas encore poli.
Je m'y suis piquée, endormie. Fauchée par les moissons, emportée par les litanies.
Celle des illusions, des feints mots et des jeux théâtraux.
Comment ai-je donc fait, vous demandez-vous ?

Je me suis accrochée, capitaine de mon navire au pays imaginé.

J’ai suivi ma fée. J’ai déchiré mes mémoires, brûlé mes vestiges. Autodafé de mon passé.

Quelques notes de musique. De la flûte de Pan. La lumière est plus intense au bout de mon labyrinthe.
Une fin ? Un début ?
C’est l’été. Une clé dans ma main. Autour de moi, des champs à perte d’horizon.

Un étang qui m’appelle. Un reflet. Mon hypersensibilité.
Elle. Et moi.
Elle est moi.
Je lui donne ma main. Sans s’être agenouillée.
Il est temps de l’embrasser.
C’est elle la clé.

Incompréhensions

Meute

Être entourée, se sentir encerclée. Commencer à tanguer.

Entendre, se connecter. Puis ne plus vouloir écouter. Sans pouvoir se débrancher.

Les sens en éveil, alertés. Des frissons intérieurs apparaissent. Aigus. Dissonants.

Le rempart se dessine. Trop tard. La meute m'a encerclée. Ses crocs aiguisés. Du moins dans mes pensées.

Mon intimité se noue. Mon esprit trébuche, s'emmêle. Ma vie s'accélère, mais je fais du surplace. Mon espace-temps bousculé, manipulé, saoulé.

Je continue de tanguer. Apeurée. Inquiétée. J'ai mal. À mon corps, à mon cœur, mal à mon être.

Mais je souris. Je ne veux pas me déshabiller devant cette meute qui continue d'aboyer.

Déstabilisée. Mais déguisée.

***

Écho

J'entends tes pas comme si j'étais toi.

Je suis ton écho quand s'évadent tes mots. Mon âme s'ébranle à ta noirceur, mon cœur s'apaise à ta candeur.

Je prends ton malaise comme s'il était mien. Je résonne quand tu vibres. J'oscille lorsque tu t'émeus, que tu pleures, que ton cœur se meurt.

Je vis tes secousses, je frémis à tes remous, je me glace à tes frissons.

Je suis toi, mais tu n'es pas moi.

Tes peurs, je les crains. Ta colère me défigure, ton feu me consume.

Mais tu n'as pas conscience de tout ça. Tu m'aperçois, tu m'assistes, tu me juges.
Je me noie, tu me hantes.
Ton être me pénètre, ton ombre me surplombe.
Mais tu n'as pas conscience de tout ça.

Je suis vampirisée, emprisonnée, cernée.

Usée.

***

Oscillation

Pensées positives. Tendre vers le bien-être. L'atteindre, en profiter, le vivre.

Essayer de donner un sens à ces phrases, ces citations, ces conseils.

Y arriver. Puis replonger, osciller.

Connaître la joie, l'euphorie. Être enthousiaste, rire aux éclats même. Souvent. Puis revivre l'abattement, le dépit, la mélancolie.

Essayer, encore. Et revivre cette dualité.
La boussole tournoie. Les pensées se noient.

Ne pas comprendre. S'interroger. Et parfois, rejeter ces leçons de bien-être qui deviennent sibyllines.

Finir par ne plus y croire. Ou nier. Occulter. Laisser alors ces empreintes émotionnelles nous blesser plus profondément qu'on ne le croit.
Elles s'impriment, s'imprègnent, se diffusent.
Insidieusement.
Elles se font entendre d'une manière ou d'une autre.

Cris étouffés, douleurs étouffantes.
Cœur enserré, affres décuplées.

Et pourtant. Ces pensées positives qui réapparaissent sans cesse. Irrégulières. Surtout fidèles.

Cette force intérieure qui y croit. Qui se bat, qui combat.
Ce cœur vaillant, qui y croit, qui se bat, qui combat.

***

Aspirée

Les pieds balançant dans le vide, devant une bouche d'évacuation.

Mes pieds ne touchent pas terre. J'ai froid, en moi. Mon cœur est bleu. Glacé. Mes poumons sont gris comme la pluie, qui ruisselle tout autour de moi. Tout ruisselle en moi aussi.

Le temps s'est arrêté. L'étau s'est resserré. Ma vie s'est ralentie. Abasourdie.

La pluie qui toque, les pas des gens qui tonnent, les voix de tous qui s'entrechoquent, dans mon crâne, dans mon corps, dans toute mon âme.

J'ai froid, en moi. Démunie. Désunie. Ma tête tourne. Vertiges des sentiments. Manège des émotions.

Mes pieds ne touchent pas terre. Je me sens rétrécie. L'on va me piétiner. Tout est trop grand autour de moi. Tout tournoie.

Minuscule. Insignifiante. Inexistante.

Assise là, sur cette bouche d'évacuation. Au bord du précipice. Je me sens happée. Aussi légère et invisible qu'une poupée de chiffon abandonnée.

La pluie s'est arrêtée. Plus rien ne ruisselle sur moi.
J'ai toujours froid.

Les bruits s'estompent. Plus rien ne claque, ne tonne. Plus rien ne toque. C'est plus diffus. Plus lointain.

Toujours recroquevillée sur moi-même. Mes larmes se sont tues.
Elles aussi.
Elles sont taries.
Mon âme n'en peut plus. Elle s'est engourdie.
Abattue.
Elle quitte lentement ce monde extérieur qui l'a trop souvent engloutie.

Blessures. Morsures. Griffures.

La poupée est assommée. Elle a besoin de se laisser aller. Pour ne pas se laisser happer. Par cette bouche qui l'attend là, sous ses pieds.

Détachée. Décrochée. Plus rien ne tourne autour d'elle. Le manège s'est arrêté.

Le silence s'est invité. Il entoure mon âme vidée, mon cœur élimé, mes entrailles écorchées.

Stop, j'ai toujours froid.

Mais ma boussole s'est posée.

***

Hurlement

S’alourdir, s’appesantir, sentir le poids de l’atmosphère ambiante descendre doucement sur soi, telle la brume épaisse des nuits troublantes.

Le cœur serré qui se met à toquer, battant la mesure jusqu’à l’usure.

Tout semble gris, sans vie. Sans envie.

Sauf de hurler. Trop de voix en moi. Trop d’émois. Rien ne sort. Tout s’endort.

Je sais désormais que cela va passer. Mais pas encore combien de temps cela peut durer.

La pendule égraine les secondes. Le sablier laisse s’engouffrer la vie qui passe. Tout semble cependant au ralenti dans mon esprit.

Le manège a trop tourné. Je ne m’y suis pas amusée. Il m’a chamboulée. Comme si j’avais été ces cibles que l’on aime décaniller.
Touchée.
L’impression de couler.

***

Obscurité

Plonger, replonger, surnager, dériver.

Courir. En arrière. Marcher. Dans le vide. Avancer, s'enterrer.

Briser la planche, ne sentir que l'obscurité. Continuer de creuser. Le bout du tunnel, toujours pas de lumière. Poings ensanglantés.

Non point d'arrêt.
Ramper, tête baissée. À l'aveugle. Corps meurtri, cœur démuni.

Se relever, chanceler. Oser un pas, puis deux.

Rouvrir les yeux. Apercevoir une brume au loin. S'y diriger. Sans savoir.

Espérer.

***

Vrille

Se sentir en décalage. Appesanti.

Comprendre. Ou s'imaginer comprendre. Puis de nouveau se questionner. Penser. À peine le temps de souffler.

Se sentir en décalage. Être en décalage. Sans connaître de décollage.
Dérapage.

Avoir le vertige sans voltige. Vibrer sans être branché. Puis finir saoul.
Ivresse. En détresse.

Se fondre dans le paysage. Le cadre se fendille et tombe.
Nature morte.

***

Déconnectée

Ne pas savoir quoi faire, quoi dire. Se terrer, se murer.

Réagir de temps en temps. Pour exister. Puis revenir muet.

Quasi sourd au monde qui nous entoure.

***

Sorcellerie

Disparaître. Réapparaître. Sans avoir bougé.
Tour de magie, pas bien sorcier. Sans baguette.

Point d'enchantement, à ce mouvement incessant. Aucune incantation. Un tour de passe-passe involontaire. Ballottage défavorable.

Écouter, puis être assommée. Rire puis être déchirée.
Quand le fil de ma vie s'emmêle, quand la pellicule se craquelle.

Participer puis se murer, si le dialogue devient accidenté. Nager, puis se noyer, courir et être freiné, parler puis devenir muet. Vouloir s'enfuir, mais rester connectée.

Rester branchée.

Je disparais puis réapparais au gré des scènes jouées. Tout, cependant, continue de s'infiltrer.

Que j'apparaisse sur scène, ou disparaisse en coulisses, je me sens imprégnée. Les émotions tatouées.

Apparaître ou disparaître.
Être et mal-être.

***

Poison

Entends ma voix, j'entends tes pas.

Je hurle, tu ne captes pas. Tes murmures, cependant, me déstructurent.

Je ressens tes douleurs, je reçois tes peurs, je tremble à tes colères.

Je sens tes veines bouillonner, tes racines serpenter, la vie gambader.

Je vis tes agitations, je palpite à tes oscillations, je m'alourdis à tes dépressions.

Je me questionne, je m'empoisonne, je perds pied puis refais surface au rythme du temps qui passe, des images qui défilent, des émotions qui s'empilent.

Être à l'écoute sans toujours savoir garder ses distances.
Une baie vitrée à l'entrée du refuge. Une plongée dans le grand bain et le bord non loin.

Avancer tel un funambule. Avoir foi en soi malgré la gueule béante au fond du ravin.

***

Gouffre

Ce monde qui cherche à m'engloutir, qui ne m'écoute pas, qui me fait trop ressentir, qui me donne envie de vomir.
Ce monde qui me dégoûte, friand de viles joutes, qui m'angoisse et m'encrasse.

Ce monde que j'éprouve, cette terre telle des douves, et moi, louve qui hurle à la lune.

***

Coquille

Subir le brouhaha, se sentir étouffée, vouloir mettre le holà.

Les sens perturbés, l'ouïe agressée, des chœurs braillant de chaque côté.

Pas de murmures à l'oreille, des hurlements jusqu'au seuil.

Se crisper, sentir son corps s'égarer, son âme se déconnecter.

Puis se recroqueviller en entier.

***

Errance

Un voyage aller, pas de retour. Un vol intérieur sans détour. Une vue d'ensemble sans contour.

Des semaines sans itinéraires fixes. Une odyssée sans héros, les sirènes en berne, paumée au milieu de mon îlot.

Plongée sans vertige ni voltige. Dans les profondeurs, dans mes souterrains, en plein cœur de mes chemins clandestins.

Effacer, élaguer, se détacher. Quasi abdiquer. Presque se résilier.

Puis se relever.

***

Conditionnel imparfait

Comme un Rubik's Cube, un côté jaune, un rouge, un bleu, un vert, et ça se tortille dans tous les sens, manipulés, salto arrière ou complètement éparpillés.

Ce château de cartes, légères, des plumes, et paf ! une enclume ! Un tas tout plat, totalement raplapla.

Ce simple yo-yo, jeu d'enfant, qui s'enroule et se déroule. Qui s'enroule et se déroule.
Qui s'enroule et se déroule…
Et qui déroute.

Une balançoire aussi. Voyage illusoire.

Enfin, les notes tout en accord, une portée, enchantée. Un pianiste, blanches ivoires et brillantes noires, qui conte l'histoire. Une comptine d'un autre temps, conjuguée au présent, à l'absent, au passé décomposé, au conditionnel imparfait.
La comptine devient complainte, la portée est désolée.
Le pianiste s'est sauvé.

***

Anormal ?

Se sentir happée, parfois engloutie. Plusieurs heures, voire quelques jours. Voyant flou tout autour.
Ne plus deviner les contours. Et se sentir agressée dans sa chair, bouffée par les vautours.
Se sentir mal aimée, ignorée, moquée.

Mes réactions n'appartiennent pas à la communément nommée « norme ».
Cette société mal aisée, prisonnière de ses pudeurs et de son incapacité d'aimer. Raillant l'émotion, affaiblie comme en léthargie, quand elle se croit douée de raison. Sa cloison.

***

Rejet

Une nuit de pleine lune. Ça hurle et déchire le silence.
Glaçante voix qui sonne comme le glas.

Mes songes s'arrêtent, figés, par ce son mortifère. Tel un couperet.

Acculée.

Comme une nausée de l'humanité.

***

Hurlements

Une balade dans les bois.
Une errance plutôt. Une recherche de mon existence.
Je n'ai ni froid, ni chaud, ni rien.
Je ne ressens pas.
Aucun son, aucune mélodie, aucun ébat au loin. Pas d'écureuils dansant ou de traces nocturnes de sangliers furetant.
Rien.
Juste mes pas.
Silencieux.

Une cabane, sombre, noircie. Personne n'y vit. À peine ai-je touché la poignée que ça hurle autour de moi. Je ne comprends pas. Cri déchirant.
Je n'ai pourtant aucune peur. Troublant.
J'entre alors.
Et soudain plus rien. Tout redevient froid. Silencieux.

Me voilà au centre de cette cabane moisie. Les parois semblent vivantes. Quand la mort émanait de l'extérieur.

Que s'est-il passé ici ? Quel drame, quelle ligne de vie endolorie ?
Et ce cri ? Une voix meurtrie. Et pourtant hurlant à la vie.

Bouleversant.

Je vois des parois humides. Suintantes. Comme un trop plein. Comme une volonté d'extraire le malin.
Pourquoi je ressens si bien ce qu'il se passe ici ? Pourquoi j'ai si froid en moi ?

Les émotions remontent.
J'ai mal.
Ça sonne dans ma tête.
Et ce cri !
Ça hurle dans mon cœur. Ça brûle.

Basculement arrière. Ma boussole se perd. Comme un grand-huit, la tête à l'envers. Je me retrouve à terre.
Plaquée. Et soudainement écœurée. De cette noirceur. Et cette dégoulinante humidité.

Cette cabane est le cœur de mon passé. Que j'avais eu vainement tenté d'effacer.

Il s'était réfugié.

Au fond de cette forêt…

***

Parasites

Capter. Tout.
Se laisser capturer par tous les à-côtés. Se sentir d'un coup sonné.

Rentrer chez soi et ramener cette sensation sourde, épuisante.

Se heurter à soi-même, à ses proches. Remplir la pièce, y décharger les énergies emprisonnées.

Et le malaise, créer.

***

(Dé) charge

Lâcher-prise, quand on est sur courant continu. Idée qui semble saugrenue.

Connexion haut débit, voyages inédits, scénarios inattendus.

Se détacher des énergies ambiantes, idée paraissant délirante. Attacher sa ceinture, l'aventure, toujours l'aventure !

Passer à autre chose, laisser tomber. Que nenni les amis. S'attarder, s'embarquer, disséquer, ou ravaler. Toujours pour mieux imprimer.

La pellicule en déroulé.

Et continuer de chercher. Le bouton « off » est bien planqué…

***

Prise de conscience

Intérieur

Ne pas me sentir à ma place. Subir une déconnexion, un mal-être soudain. Être mal aisée et ne pas comprendre.
Sentir de la tristesse arriver. Lancinante. Envahissante.

Je ne me l'explique pas. Pourquoi, brusquement, cette âpre sensation ?

Ma boussole se perd, mon esprit s'alourdit, mon corps a envie de me lâcher. Mais je tiens bon. Ça, je sais le faire. Je maîtrise. Cette méprise. J'ai envie de pleurer. De lâcher prise. Me recroqueviller. Mais je tiens bon.

Puis, inattendue, une voix. Un murmure. Une musique, qui me semble douce. Apaisante. Je ne la distingue, certes pas bien. Mais je m'y raccroche. Elle me semble bienveillante. Une lueur dans ma pénombre. Une clarté qui ruisselle dans mes méandres.
Je me sens un peu mieux. Même si je ne comprends toujours pas.

D'où vient cette voix, qui est-elle ? Une amie ? Je ne sais pas. Un soutien. Elle m'a tendu la main.

Je suis perdue. Qui est-elle ? Qui suis-je ? Ça tourne. Comme un vertige, un tourbillon, une voltige.

Serait-elle mon armure ? Ma carapace ? Ma coquille ?
Mon rempart. J'ai envie qu'elle soit mon rempart.

Je ferai appel à elle lorsque les vents glacés hurleront dans ma tête. Que la meute qui m'entoure plantera ses crocs en moi.
Que ma boussole se perdra à nouveau.

Je ferai appel à elle. J'aime sa bienveillance, sa douceur. Son honnêteté.

Je cherche. Ça tourne. Encore. Qui est cette inconnue, si prompte à prendre soin de moi ? Qui éclaire mon intérieur. Quand je prends conscience que je perçois le monde extérieur comme un agresseur.

Cette lueur, cette clarté serait-elle ma lumière, ma chaleur ? Je la ressens en moi.
Cette musique suivrait-elle la cadence de mes battements de cœur ? Jouerait-elle les notes de ma vie ?
Soudain, un espoir m'étreint.
Mon cœur serait-il ce rempart, ce soutien ?

Et si la lumière était en moi ?

Et si elle était moi ?

***

Profondeur

Je vais m'assoupir. M'endormir. Sans me languir. Juste de mes virtuels reliefs, me départir.
Retrouver mes contours, délaisser ces atours dans lesquels je me suis souvent engluée. Et qui m'ont joué de vilains tours.

Laisser se reposer mes racines. Renouer avec mon origine. Nager dans mes profondeurs, me délester de mes lointaines peurs.
Descendre encore plus au cœur. Les regarder telles des illusions, des histoires d'enfant écrites au marqueur. Effaçable.

L'hiver vient, il attend son heure. Il est temps de suspendre mes heurts. Peut-être les retrouverai-je au printemps venu. Je n'ai pas toujours la clé, pour les boucler à jamais.
D'ailleurs, existe-t-elle cette clé ?

Est-elle cachée ?

***

Vertiges

Ce moment où hurlent les loups, où la nuit s'assombrit, où la vie se tapit.

Ce moment où le cœur s'éteint, où les flammes s'étouffent, où le reflet se noie, où soudain il fait froid.

Ce moment oppressant, accablant, suffocant, où ma prison prend forme, où mon esprit se déforme.

En un instant, un éclair, les images s'accélèrent. Confuses. Malaisantes. Désordonnées.

Quand on atteint le sommet du manège, la descente est imminente. Le vertige est aveuglant. Je n'entends plus que la discordance.
Je ne touche plus terre. Mes sens n'en ont plus. Je goûte au dégoût, à son parfum déplaisant.

Je me retrouve plaquée au sol. Sonnée. Je cherche à me réveiller.

Il est difficile de se réveiller de la réalité.

Quand je comprends que de réalités, il y en a autant que je souhaite en créer.

***

Cacophonie

Comme un magnétisme géant.

Cette sensation trop bien connue, que d'absorber les émotions de ceux qui m'entourent.

Me sentir tel un aimant, capter les ondes, les énergies. Qui s'échappent, de leur colère, leur frustration, leur manque d'estime, leur tristesse.

Me prendre alors de plein fouet cette réunion, cette cacophonie.

Imaginez-vous.

Une piste de cirque. Tantôt émerveillé par les animaux, amusé par les clowns. Puis vous prenez la place de l'artiste.
Là, funambule, vous balançant à plusieurs mètres de hauteur, la peur du vide vous saisissant, obligé d'exécuter votre numéro devant tout le monde. Masquant votre stress. Là, dompteur au seul fouet vous séparant des bêtes fauves qui circulent autour. Vous demandant à tous moments, si l'une d'entre elles va se libérer de son apparent apprivoisement.

Imaginez toutes ces scènes mises bout à bout, et passez-les en accéléré.

Voilà ce que peut vivre régulièrement une personne hypersensible.

Entendre les émotions, les aimanter, les aspirer. Les laisser s'engouffrer sans pouvoir s'en protéger.

Subir les contrecoups, être interloqué. Quelques instants, quelques minutes, ou bien plus longtemps.

Apprendre à s'en abriter, s'en détacher.

Accepter. Assumer qui l'on est. Concéder que d'autres ne comprennent pas. Ne pas se sentir coupable.

Et avancer.

***

Démasquée

Avoir l'impression d'une connexion quasi permanente au monde qui nous entoure.

Ne pas comprendre les vibrations en soi. S'en inquiéter.

Se charger d'émotions, se laisser souvent submerger. Les imprimer en nous. En notre corps.

Ces sensations inconnues qui font peur. S'en éloigner. Les appréhender. Sans relâche.

Refuser ce qu'il se passe en soi. Chercher une explication. En vain.

Masquer aux autres l'inexplicable. L'enfouir. Mais toujours le ressentir. Ne pas être compris. Parfois rejeté.

Puis un jour, poser les yeux sur un témoignage. Avoir soudainement la sensation que les mots sont les siens propres. Sentir un soulagement. Un début d'apaisement.

Comprendre qui l'on est. Expliquer les situations, donner du sens à ses ressentis. Donner un sens à sa vie.
Accepter alors d'absorber les énergies de ce monde. D'en être le miroir.

Les apprivoiser. Puis les accueillir.

Accepter la page blanche qui se présente chaque aube de sa vie. Être apaisé à la tombée de la nuit.

Se régénérer. Se reconnecter à soi. À sa propre nature.

Accepter de s'éloigner de ce qui nous épuise. Tisser des liens avec les personnes qui nous ressemblent.

Faire vibrer son imagination. Voir la beauté dans la simplicité. Laisser s'échapper son âme poétique.

Se sentir fort, bienveillant, humain.
L'être envers soi-même aussi.
S'accepter, s'aimer, tout autant que l'on veille sur les autres.

Pour se réaliser pleinement et assumer qui l'on est.

Être maître de soi. Enfin.

***

Tableau

Certains regardent des gouttes de pluie
Je vois des perles reflétant la vie

Certains regardent un ciel maussade
Je vois l'immensité nomade

Certains passent devant un mur délaissé
J'imagine la virevolte artistique qui pourrait lui être donné

Certains regardent une bougie allumée
Je vois dans l'ombre une flamme danser

Certains regardent les feuilles tomber au sol
Je vois la nature voyager sans boussole

Certains préparent à manger
Je pose sur toile mes idées

Certains rient, chantent, dansent
Je ressens, je vibre, j'exacerbe mes sens

Je suis hypersensible.

***

À toi

Tu sais, Virginie, crois-moi, ta sensibilité est une force.

Tu t'inquiètes de l'inconnu, je sais. Cette entité éthérée et pourtant si prégnante. Elle est tout autour de toi, elle t'enserre, t'asservit. Elle scelle tes peurs.

Je t'encourage à l'embrasser, à l'étreindre.

Tu crains de ne pas être aimée. Je sais. Tu as tellement d'amour en toi, de tendresse, de bonté. Tu ne comprends pas. L'agressivité qui te percute, les bruits discordants, le temps qui défile. Confusion. Tu es perdue, sonnée. Proche du K.O.

Je t'encourage à te relever, à croire en ta force, à affronter cet essaim.

Je t'encourage à faire vivre tes idées, à les laisser danser. Je t'encourage à te gorger de lumière, à créer un halo dansant autour de toi.

Tu es puissante, Virginie. Tu es une messagère. La porteuse d'un espoir : celui que la vie finit par être belle quand les étoiles s'entremêlent.

Cet alignement, tu le dois à toi. Soit fière de ça.
Cette sensibilité, souvent exacerbée, tantôt gouffre glacial, tantôt sommet euphorisant, tu as réussi à l'accueillir. Non pas la dompter ni l'annihiler. La chérir. Tu en as fait une amie. Plus que ça, la plus belle partie de toi.

Sois fière de tes résistances.
Je suis fière de ta résilience.

***

Sourire

Moi aussi, j'ai rêvé que l'on pouvait s'aimer, tu sais.

Rêve inassouvi. Souvent brisé. Délaissé. Vulgarisé.

Oui, ton cœur est plein, Virginie. Même lorsqu'il est vide. Même quand il brûle, quand il se consume.

C'est un présent dont tu te délestes par moments. Son poids t'est cruel. Son parfum, entêtant et insoutenable. Son chant, désolant. Morne. Brumeux.

Une brume lugubre. Uniforme. Froide.

Silence.

Sépulcral en ces instants les plus abyssaux.

Mais ton cœur est plein, même lorsqu'il est vide.

Il s'y cache une impénétrable force. Tu es une combattante, Virginie. Tu le sais. Au plus profond de ton âme. Au cœur de ton être.

Oui. Ton cœur est empli d'amour.
Tu n'as pas conscience de ses sillons. Infinis. Intenses. Marquants.
Aie de l'estime pour lui. Laisse-le t'aiguiller. Toi qui as souvent été déboussolée.

Un jour, au bout d'un de tes chemins, ton âme sœur te sourira. Un sourire se reflétera alors en toi. Et tu sauras.

Que ce cœur-là est fait pour toi.

***

Apaisement

Mettre des mots sur soi.

Comprendre. Enfin. Ces chamboulements sans fin. Ces moments de vie sans faim. Ces voyages clandestins.

Mélange des sentiments, amoncellement des émotions, euphories passagères, tristesses mortifères.

Rivière tumultueuse, méandres approfondis, dynamique perpétuelle des sens.

Comprendre. Enfin.

Accepter. Se calmer. S'apaiser. Se détacher.

Exister.

***

Résilience

Se trouver d'un coup, alourdie, le cœur muet. Un silence qui pèse.

Vivre une période intense, se sentir plus fatigué. Moins ancré.

Et alors, absorber.

Être entouré d'énergies négatives. Éprouver cette lancinante attirance vers le bas. Se sentir happé par cette mâchoire fauve.

Les émotions tombent et me plombent. Tel un crépuscule qui drape et endort ma clarté.

Mes sens sont en berne. Toujours ce questionnement qui m'étreint, qui m'enserre.
Que m'arrive-t-il, qu'ai-je fait ?

Les minutes sont longues. Les pensées dansent dans ma tête. Mon cœur se tait, se terre. Muet. Et ça danse encore.

Puis mon cœur se souvient.

Il se souvient de sa force et de sa résilience. Il prend soin de déclencher à nouveau l'étincelle, de rallumer la lumière, de raviver ma combativité.
Ma conscience point de nouveau. Telle l'aube réveillant mes sens.
Mon hypersensibilité s'est encore jouée de moi. Je lui pardonne. Elle m'a laissée aller à mon empathie et ma bienveillance envers ces personnes aux énergies fuyantes.

J'ai compris, je me suis pardonnée.

Puis, j'ai souri de nouveau.

Fière de ma générosité.

***

Trop plein

Je suis une larme

Petite bulle d'émotions. Je suis le deuil, au seuil l'on me cueille.

Je suis la tristesse, la douleur d'un heurt, l'échappée d'un pleur.

Je suis la peur, l'abandon d'un frisson, le témoin d'une frayeur.

Je suis une secousse, du moins sa floraison, son oraison.

Je perle au creux de tes yeux. Délicatesse.
Mon éclosion pour te libérer.
T'apaiser.

Je glisse sur ta peau, sensibilité, sensitivité, sensualité.

Je ne fais qu'un avec ton émotion.
Je suis ses peurs, sa pré-nativité. Je suis sourde.
Je suis amère, j'ai le parfum du rejet, du désarroi.

Je suis l'opacité du regard intérieur.

Je suis aussi ton navire libérateur.
Je suis tout cela. Je suis ta bienveillance.

Laisse-moi te libérer, laisse-moi t'apaiser.

***

Foi

J'ai retrouvé la lumière.

La flamme qui réchauffe mon intérieur, qui réveille mon cœur, qui fait s'endormir mes peurs. Je sais qu'elles sont tapies dans l'ombre.
La lumière ne vit que parce que l'ombre demeure.

Savoir se relever, prendre des coups, se retrouver à genou, tête baissée, âme blessée. Je connais.

Je me suis relevée, maintes et maintes fois. J'ai le mode d'emploi.
Serait-ce la foi ?
La foi en moi ! Croire en une vie qui me ressemble, mes envies qui s'assemblent.

Toutes ces parties de moi, ces vies, ces vécus.

Ensemble.

***

Colorée

Faire de mes valeurs, les fondements de ma nouvelle vie.

Créer, espérer, rêver.

Respirer, après avoir été essoufflée, asphyxiée.

J'ai vécu cette renaissance. J'ai découvert mes ailes, ses couleurs, ses essences.

Je serais restée longtemps, tellement longtemps dans ce cocon, trimballée au gré des blizzards, glacée, asséchée, brûlée. Noyée de larmes, chrysalide sans armes.

J'ai enduré les tourments, matché contre le temps.
J'ai fini par gagner.
Je me suis brisée, puis recollée.
Je me suis écroulée. Puis rebâtie.
Confrontée à des fantômes, de la poussière.
À des cendres.

Celles de mon passé, de mon présent. Durant trop d'années, j'en ai subi le dégoût.
Je voyais flou. Regard voilé.

Je ne percevais que mon ombre qui noircissait, mon reflet qui pâlissait.
Oui, j'ai fini par gagner. En surmontant mes peurs. Acceptées.
J'ai tendu la main à ce que je croyais être ma laideur. Qui s'est révélée être ma candeur.

J'ai souvent eu l'impression de ne pas être faite pour ce monde.
Je me suis posée et ai embrassé l'idée que je serai cette lumière au cœur des ténèbres.

J'ai déployé mes ailes et me suis élancée.
Les vents, j'en fais désormais des toboggans. La pluie peut bien diluer mon arc-en-ciel, je le recrée à mon gré.
Et l'orage n'est plus qu'une symphonie.

Ma palette de couleurs est sans limite, les règles du jeu sont à ma volonté. Même quand les dés sont pipés.

Je crée ma vie, j'invente mes opportunités. Je combats les étaux, je soigne mes maux.

Chère hypersensibilité…

C'est elle qui m'a confié ces ailes, c'est elle qui m'a poussé au zèle.
Qui m'a appris à me mouvoir en légèreté. Mon âme s'y est gaiement engouffrée.

Elle est moi, je suis elle. Elle est mon cœur, mes soupirs, mes rires, mes profondeurs, mes erreurs, ma douceur, ma torpeur.
Et cela va bien au-delà. Je l'incarne, elle m'encharne. Elle m'enlace et m'embrasse.

Nous avons fait connaissance il y a si peu.
Un vrai soulagement d'apprendre son existence. Non promptement notre coexistence. Je lui ai alors attribué mes douleurs, mes heurts et mes pleurs.
Je ne parvenais, cependant, pas à lui en vouloir.
Elle était ma chair, mon sang, mon énergie. Ma flamme.
Je l'ai doucement délesté de notre passé.
Et je me suis pardonnée.

À ce jour, et pour toujours, elle est mon amie, mon lit. Mon ancienne et ma nouvelle vie.

Elle est cette enfant hésitante qui finit par sourire. Cette fleur recroquevillée la nuit, qui perce au jour et s'ouvre à la vie.

Elle est fragilité, sincérité, sensualité. Pensées, volubilité, expansivité.
Vertigineuse, équilibriste, danseuse parmi les étoiles.

Elle est moi, je suis elle.

Éternelle.

***

Connexion

L'étiquette qui gratouille, qui démange, qui dérange.

Le col roulé qui m'étouffe. Ou ces bas de manche mouillés, ça me passe partout, j'me sens tout étriquée.

Et l'autre qui crie. Mais si, il crie ! Tu ne l'entends pas ?
Moi, si !
Même s'il ne crie pas.
J'entends son âme, son vague à l'âme. Malaise vagal. Collision. Collusion. Cohésion avec cette volatile énergie.
Aspiration.
De rien, j'vous en prie.

Tu ne sens pas ? Tu es sûr ? Cette odeur, là, qui m'imprègne. Ce parfum vite entêtant. Enfin, je dirais plutôt prise de tête, à me faire vriller, tourbillonner.
Voyez un peu, comme si je vous la collais sous le nez. Même éloignée, voyez ce que ça me fait.

Vous avez vu Duel ? Le premier film de Steven Spielberg. Si ça n'est pas le cas, regardez-le.
Vous aurez ainsi une diapo animée de mes aventures sur les routes encombrées.

Et cette meute de loups qui nous poursuit. Ça vous file la trouille aussi ?
Quoi ? Comment ça, vous ne comprenez pas ?
Vous vous baladez comme moi, au milieu de cette foule survoltée, et vous ne captez pas ?
Mais non, je ne rêve pas ! Ils en ont après moi. Leurs yeux sombres, leurs crocs aiguisés, et leurs griffes acérées. Prêts à me croquer.
Ne rigolez pas ! Moi, ça peut me faire cauchemarder, si j'y suis trop connectée.

Tu es malade, tu tangues, envie de rendre ? T'inquiète, je vais t'accompagner, je suis comme ça moi, toujours prête à m'associer. J'ai pourtant l'estomac bien accroché, mais je m'en voudrais de te laisser tomber.

Et ces journées, où j'aime à jouer. Pas de caméras ni de projecteurs. Quelle que soit la lumière, je fais la mise en scène, le jeu de rôles, même si ce n'est pas drôle.
Romantique, thriller, science-fiction, drame, comédie, aventure, je suis l'héroïne des émotions multiples. Sans être shootée, ma vie est actée. Un roman-photo pas dirigé.
Impro assurée.

Et puis ces douleurs, ces marqueurs, le curseur haut les cœurs. Qui me noue, me rue de coups, me met sens dessus dessous.
À chaque fois, je me remets debout. Dure au mal, douce au cuir. Qui l'eût cru, moi si fragile, si menue. Mes cordes sensibles ont tenu.
Mon hypersensibilité sera toujours la solution à son problème. Elle éclairera toujours les ténèbres qu'elle crée.
Et jamais je ne tomberai, jamais.

Et ce cerveau qui flippe, qui « flap », qui flop. Une boule de flipper bazardée aux quatre coins, ça sonne, ça tilte, ça tombe, descend, remonte, accélère, ralentit.
Vous imaginez ?
Non ?
Pas grave. Je ne vous souhaite pas de vous mettre à ma place sur ce coup-là.
Cela dit, sur aucune autre situation.

Rassurez-vous. Aussi. L'hypersensibilité a ses avantages.

Je me pensais faible, j'ai développé une capacité profonde et intime, de vivre les énergies de l'instant, les cadeaux du présent.

Je me sentais petite. L'on m'a tellement attachée au jugement sans d'autres fondements que la médiocrité de la comparaison.
Je me suis délestée des sacs de ce sable qui s'incrustait en moi.

Ma montgolfière a pu prendre son envol. Mon esprit s'est élevé.

Et ainsi, j'ai grandi.

***

Dons

Gérer ses émotions,

Un véritable dilemme, d'autant quand l'actualité s'en mêle. Une vraie difficulté, d'autant plus lorsque planent au-dessus de sa tête, des épées, prêtes à être lâchées. Couperet.

Une épopée, une sale aventure, un travail infernal, un train fantôme en continu.

Ne nous mettez pas à la place de l'hypersensible, si vous ne le pouvez. Vous le jugez, le critiquez, parlez à sa dérobée.

Criblé de flèches de votre regard, percé le cœur de vos pensées.

L'hypersensible est empathie, il est connecté en permanence. Afin de s'en libérer, il doit apprendre à se détacher, pour parvenir à se moquer de vos idées. L'arroseur arrosé. Le moqueur devient moqué, mais cette fois-ci sans arrière-pensées.

Parce que l'hypersensible est bienveillant. Il ressent pour lui et par les autres. Les émotions qui passent, il les happe et ne s'en échappe. Il comprend vos sentiments.

L'hypersensible peut vite se refermer alors qu'il adore s'ouvrir aux autres. Tantôt surfant sur la vague, tantôt vite submergé par elle.

Il est aussi un timide effronté, un brûlant passionné, un artiste clandestin, un créateur ténébreux qui ne cherche pas la lumière. Le feu est au sein de cet être sibyllin.

C'est une personne douée qui joue avec les mots, et qui déjoue les maux.
Loin des clichés, elle prend des photos, imprime le négatif, révèle le positif, expose le récit imaginatif.

Elle est tout et jamais rien. Elle incarne, réincarne à profusion ou répulsion.

L'hypersensible est incandescent. Il peut vite se consumer. Et peut aussi illuminer tout autour de lui.

Prenez-en soin quand vous en rencontrez un. De ses émotions, ne cherchez pas à vous emmêler. Et lui se sentira agressé.
Embrassez-le quand il vous ouvre son toit, acceptez-le quand il s'engouffre dans son « moi ».

Suivez sa danse quand il vous invite. Observez son rythme, sa cadence.

Respectez-le et il vous adressera toute sa reconnaissance.

***

Miroir

Apprendre à se connaître, s'ouvrir à son intimité, descendre en soi.

Oser y faire face, même si l'on cherche souvent à la cacher. Décrié que l'on puisse être par cette inhumaine société.

Ce que l'on nous fait croire de notre personnalité : susceptible, chouineuse, mauvais caractère, lunatique, colérique, trop timide, trop gentille, donc trop naïve, versatile, indécis, pénible…

Des jugements émis par des personnes qui ne comprennent pas la différence. Qui n'acceptent pas la complexité de l'hypersensibilité.

Le miroir est dérangeant pour les personnes qui ne veulent pas faire face à leurs reflets.
L'hypersensible est ce miroir.

***

Balade

Et si tu faisais la paix Virginie. Imagine.
Dis-moi ce que ça te ferait.

Je serais là-haut, tu vois la montagne, là ? Celle qui est colorée. J'y serais perchée, nichée. Je me pencherais alors et partirais en vol plané. L'air pur et frais m'envelopperait. Et je sourirais.

Mon cœur alors se poserait. Son trop-plein d'amour s'allégerait.
Je regarderais le soleil, dans son halo, je me baignerais.

Une balade. La nuit tombe, me vient alors une sérénade. La lune est pleine, lumineuse.
Et je chante. Ma partition, mes couplets, mon refrain.

Méditation. Je viens me poser doucement sur l'eau. Tout est calme.
Je n'entends ni hurlement ni déchirement. Pas de vacarme, j'ai déposé les armes.

Apaisée. Légèreté. Sérénité.

Tu vois, j'ai réussi à trouver la paix. Mon cœur est aussi plein que cette lune qui m'a toujours fascinée.

Tendresse, douceur, générosité. Jusque-là emprisonnées.

Ils seront mes présents, désormais.

Tu vois, j'ai décidé de m'aimer.

C'est sûrement ça, la paix.

***

Vertiges

S'interroger, penser, imaginer, inventer, interpréter, dialoguer. Avec soi. S'invectiver, se juger, se taire. Ressentir, frissonner, accélérer. Saccadé. Arrêter.
Recommencer.

Prendre l'ascenseur, monter au premier, puis repartir. Grimper vers les sommets. Euphorie temporaire. Puis dégringoler. Sans l'avoir décidé.
Plus de boutons, plus de maîtrise. Le corps qui s'engouffre dans le vide.
Vertiges.

Chanter, à tue-tête. Légèreté, liberté. Fredonner, danser. Volupté. Sensualité. Partager, sentir son cœur joueur. Puis stopper, plus d'aigus, ni de graves. Le tempo s'est arrêté. Muet.
S'éloigner, se murer, s'enfermer. Se protéger. Faire valser les bons moments. Besoin d'un slow. Avec soi-même et en silence. Cœur assommé.

Ressentir, vivre, être marqué. Sans vouloir se démarquer. Intensité. Se sentir pris au piège.
Être épris de tous ces sortilèges. Croire en eux, mais vouloir s'en débarrasser.

Les apprivoiser et les pourchasser. Les enlacer et les rejeter. Infatué par ces maléfices. Envoûté. Et pourtant rarement enchanté.

Bienvenue dans l'hypersensibilité.

***

Manège hanté

Sentir le manège démarrer. Pas de ticket d'entrée.

Se laisser embarquer. Pas de cri ni de rire. Tout est étouffé. Rester discret.

Et enfin. Enfin savoir l'arrêter, ou ne serait-ce que l'estomper. Laisser encore quelques contours s'esquisser. Puis réussir à s'apaiser.

Où se situe la réalité, la vérité ? L'émotion est-elle feinte ? Rarement en demi-teinte.

Ce manège. Suis-je réellement dans un de ses sièges ?

***

Fée cabossée

Besoin de souffler. Ça tambourine. Le petit bonhomme a trop tapé. La peau est usée. Le tympan est percé. Symphonie achevée.

Trop de baffes, trop de claques, la tête dans le sac. Bringuebalée, à tout vent, trimballée, à tous temps, secouée.

Stop. Arrêter les frais. La note est plus que salée. Les souvenirs sont plus qu'imparfaits.

La fée est fatiguée. Lassée. Dégoûtée. Amertume assurée. Faits et gestes tatoués. Pas digérés.

Douceur, candeur, honnêteté. Que cela remplace laideur et fausseté.

La fée a besoin de se reposer. Qui sait, un jour peut-être, pourrait-elle y retourner. Et y trouver sincérité et respect. Un nouveau chemin qu'elle pourra arpenter. Et de la douleur ne plus se soucier.

***

Tempo

Enfin danser un slow. Décider de ne plus être emporté par les flots.

Ralentir. Temporiser. Méditer.

Les yeux fermés. Accepter. Se laisser porter. Bercer. S'abandonner.

Ne plus chercher à comprendre. Se délester des « pourquoi ». Se laver des imprimés du passé.

S'alléger des réponses. Questions incessantes. Se laisser s'envoler. Laisser vivre les pensées comme des manèges enchantés. En rigoler. S'en moquer.

Voguer vers les flots apaisés. Et danser ce slow.

***

Mes ailes

Démarrer par les chemins vallonnés. Oser, doucement. Pas sûrement.
Quelques petits cailloux, semer. Des ailes se sentir pousser. Minuscules.
Pour démarrer.

Arpenter. Souvent s'arrêter. Bloquée. Par-là, le cri d'une chouette m'effraie. Les bruits de ma nuit. Bousculée. Griffée. Je me réfugie. Côté ombre. Mon côté sombre.
Attirée par l'obscurité.
Mais ne jamais basculer. Une force en moi.

Le chemin est long. Venteux. Pluvieux. Glacial et brûlant en même temps. Et cette force en moi. Ma boussole.

Puis vouloir grimper plus haut. En ressentir les maux. Mais toujours vouloir se laisser emporter par monts et par vaux.
Mille maux valent mieux qu'un mirage. Ils sont un salvateur aiguillage.

Respirer. Continuer de s'aventurer. Les ailes un peu plus déployées. Et même si je peux ployer, du ravin me rapprocher.

Besoin de souffler. De calme plat. Les ailes repliées. Toujours avancer.
Le poids des maux. S'en délester, s'en déshabiller. Méditer. Se relier, pour se délier de son passé.

Pour continuer. Atteindre des sommets. Rebondir, conquérir, s'enrichir. Parfois manquer d'air.
Là-haut, c'est simplement beau.
Souffle coupé. La boussole s'affole. Vertige du bonheur. Voltige et envol.

Contempler. Avoir envie de sauter. S'envoler.

Les ailes libérées.

***

Équilibre

Être consciente que la tiédeur est une alliée.
Vouloir cependant être glacée ou brûlée.

Sentir le besoin de se poser, s'éloigner, se ressourcer. Être en manque d'activités, de rapprochement, de convivialité.

L'équilibriste sur son fil, le voltigeur au-dessus de la piste, l'alpiniste aux mains nues.

Les sentiers battus, les chemins de traverse, les pentes escarpées, les vols planés mal assurés.

La bulle de savon qui voyage délicatement sur l'eau, puis éclate !
La jolie fleur, et le dernier pétale qui s'échappe…
La neige qui tombe sur les sources d'eau chaude.
La pluie d'orage impactant les sols arides.
Un sourire baigné de larmes,
Une flamme soufflée par un vent froid…

Sucré-salé. Douce amertume.

La plume est lourde.
Les mots s'enchaînent, les maux se déchaînent.

***

Brume

Mon sommeil est une plume.
S'y confondent soleils et lunes, horizons lointains et dunes. Y dansent les loups, les flammes. Y passent les fées, les drames.

Mon sommeil est une plume.
Pas question de perdre le fil, capter le moindre bruissement, un bref chuintement.
Tendre l'oreille sans le vouloir, se connecter sans savoir.

Mon sommeil est une plume.

Et mon réveil est brume…

***

Brûlure

Ça s'insinue en moi
Ça ne prévient pas
Ça jette comme un froid
Une brûlure de révolte en moi.

C'est sourd, c'est tumulte, une culbute sans bouger, un looping sans manœuvrer.

Un voyage qui démarre en retard, le ticket onéreux, la destination inconnue.

Puis viennent les larmes, libératrices, les pleurs salvateurs. La boule de flipper qui tapait au cœur se déloge doucement.

La douceur revient en moi, le temps se ralentit, apaisement.

Mes émotions ont encore joué leurs partitions.

***

Présent composé

Douter des moments de paix. Se demander ce qu'il va se passer, s'interroger, s'imaginer. Chercher des réponses qui ne viendront peut-être jamais.
Alors, s'en inquiéter. Se disperser pour éviter de bouillonner et d'exploser.

S'enfoncer dans un mécanisme quasi suspect. Faites entrer l'accusé !
Vivre la culpabilité, et voir la quiétude s'éloigner.
Recommencer et s'avouer que le mal est un fidèle associé.

Un jour, comprendre que tout vient de mon hypersensibilité.
Tellement habituée aux émotions dures et avariées.

Un jour, prendre conscience que vivre en paix sera le plus subtil des combats que j'aurais menés. Qu'il n'y a pas de vérités, pas de faux-semblants et rien à pardonner.
Un cœur à desserrer, un corps à dénouer, une âme à recomposer.

***

Accepter

Dois-je trouver une défense ou accepter cette déférence ?

Combattre ou s'ébattre ?
Refuser ou épouser ?

Je suis sans filet. Telle une funambule.
Je peux me laisser duper telle une somnambule.

Ou simplement, me laisser guider par mes sensibilités.

***

Briser le miroir

Des prises de conscience feutrées, à peine dessinées.
Méprise inconsciente, même pas déguisée.

Des frissons, des soupçons. Des enquêtes trop souvent non résolues.
Mises au placard, j'y reviendrai plus tard.

Des pleurs, des leurres.
Des marqueurs. Dont l'encre se dilue, tel un poison qui plonge dans une lente torpeur.

Des années sans savoir. Constamment sur mon perchoir, à m'accrocher quand mes ailes se grippaient. Regonflée d'espoir parce qu'elles se déployaient.
Je les voyais dans le miroir.
Qui la plupart du temps me mentait.

De quoi était-il le reflet ? De qui était-il le relais ?
De la vérité, je le croyais.
Ma colère le déformait. Ma tristesse l'alimentait.

Il me fallait des supers pouvoirs pour ne plus m'y mirer.
Et déployer mes ailes à volonté.

Analyser les faits non élucidés.
Réactiver ma conscience et éclairer mes idées.

Il me fallait libérer mes capacités.

Qui étaient celles de s'envoler.

Respirer. Oser.

***

Métamorphoses

Ça s'éclaircit, puis s'assombrit.
Le jour et la nuit.

La pantoufle de vair égarée, la citrouille reprend vie.
Minuit, l'heure des cris zébrant la nuit. La princesse s'en est allée. Cendres et balais.
Et son prince évaporé.

Comme un rêve trop éthéré, pour figurer la réalité.

Ça s'éclaircit, puis s'assombrit.
La lumière et la nuit. Noire ou blanche, je ne sais plus ce que j'ai perçu.
Finalement, peu importe ce que j'ai vu. C'est passé. Altéré.
Enterré.
Quelle utilité de se venger ? Ou de leçons à donner ?
À part alimenter les velléités, entretenir l'absurdité.

Les mensonges, les traits d'humour, les échanges à n'en plus finir, de ceux qui rassurent ou laissent dans le dur. La tête dans la cruche, et l'ego dans la capuche.

Et les dimanches ensoleillés. Les partages encanaillés, loin d'être endimanchés. Les fous rires, les plaisirs, les récits.
Les regards intérieurs, la recherche du bonheur.

Les échanges endiablés, les partitions jouées, abandonnées, redessinées.
Les coups au cœur, abîmé, fatigué.

Un deuil. Une renaissance. Évaporé en fumée. Un goût de cendre.
Écœurée.

Puis se relever. S'étourdir, patienter.
Pour mieux s'ancrer.
Réensemencer ses projets.
Rêver et oser.

Avoir de la gratitude. Un ange est passé.
Les énergies alignées.
Métaphores et métamorphoses.

L'on rencontre certaines personnes, au-delà du hasard. Ni tôt ni tard, ici et nulle part.
La chance se provoque.
La clé était là. En moi.

Les mensonges et vérités garderont toujours un aspect défiguré, seront entretenus dans l'abstrait. Mon chemin, je continuerai de l'arpenter, en toute liberté.
Mon âme et conscience sauvagement protégées.

Je gagnerai. Je perdrai. Je reviendrai.
Étourdie ou éclairée.

Entourée de mes couleurs préférées, des énergies et vibrations qui me font cheminer. De ces personnes aux sensibilités exacerbées.

Ma palette est sans frontières.
Ma liberté a pris l'air.
Mes ailes solidement accrochées.

Ça s'assombrit, oui.

Et s'éclaircit !

***

Tatouage

D'abord s'émouvoir, puis se poser ensuite.
S'émouvoir encore quelques secrets instants, aveuglément aux gens présents. Exceptés sûrement, ceux me ressemblant. La sensibilité est un attrait puissant.
S'émouvoir plus longtemps. Traînée de poudre, semée aux quatre coins, sans le moindre souffle de vent.
Laisser une image écornée aux passants.
Laisser une marque, une fêlure.
Pas toujours effaçable par le temps.

***

Histoire(s)

Sentir la souffrance d'un passé
De ces êtres malmenés et condamnés
Piqués, plantés, écartelés, empoisonnés

Secouée, envahie, troublée
Avoir envie de pleurer
Pour ces défunts emportés par la violence punitive et enragée.

Tout cela, en écoutant une conversation sur les tortures d'autrefois, imagées par la littérature et le cinéma.

Détaillées par mes pensées, vécues profondément jusqu'à mes larmes.

Déposer alors ses armes, s'éloigner de ces mots et de ses maux.

Respirer.

***

Se relever

Finir par comprendre que la violence, la souffrance, la tristesse, toutes ces épreuves passées et rarement validées, ne sont qu'empruntées.

Que tout n'est qu'énergie, transmissions, bien souvent sans autorisation.
Que donner c'est reprendre.
Reprendre et s'envoler.

Battre des ailes, battre de l'aile, surnager, manquer de se noyer.
Ployer le genou. À terre. Exploser. Éparpillé dans les airs.

***

Laisser partir…

(Se) charger. Décharger.

Électricité dans l'air. Cœur branché, prise de terre.
Prise de tête.

Le temps est à l'orage, mon âme est en ombrage. La lourdeur m'éprend, l'apesanteur suspend le temps.

Prise dans cette cage. Je n'en vois pas les barreaux et je sens pourtant son étau.

Le ciel est colère. Je m'écroule à terre.

Patienter, je n'ai rien d'autre à faire.

Puis libérer ses larmes, après tout ce vacarme.
En son cœur, en sa demeure.
La tête saoulée de ce bourdonnement assourdissant, ce silence électrisant, ce tonnerre envahissant.

Vibrations et énergies.

Se recentrer et laisser partir ce qui alourdit.

***

Liberté

Il était une foi(s)

J'ai envie d'écrire, je laisse alors ma plume agir.

Je laisse parler, mon instinct, mes goûts, mon odorat, mes sens. J'aime la saveur du beau verbe. Je me délecte de ces palettes de couleurs aux nuances irisées, aux intensités contrastées.

Mon crayon dessine ma vie. Celle de cette petite fille si timide, et déjà si riche, si créatrice et si contemplatrice.

Elle partait si souvent dans ses histoires. Elle se voyait aventurière, exploratrice. Ses rêves étaient dotés d'intrigues palpitantes. Certes, parfois effrayantes. Angoissantes.
Troublantes.

Elle était ainsi cette petite fille. Forte et fragile. Princesse et chevalier. Sportive et artiste.

On la disait garçon manqué. Elle n'était que douceur.
Elle semblait souvent pencher vers la complexité. Au fond de son cœur demeurait la simplicité.

Dans la cour de récré, elle jouait. Toujours. Au milieu des garçons, elle tapait dans le ballon. Elle aimait faire briller les autres, elle aimait marquer. Sans se faire remarquer.
Et elle riait, beaucoup.

Elle pétillait quand il s'agissait d'entrelacer ses pirouettes au jeu de l'élastique, ou d'entrechoquer les billes le long de la rigole où s'écoulait la pluie les jours gris.
Ces jours-là, son cœur était gris aussi. Et ses yeux colorés de dépit.

À son âge, cela se transformait en bouderie. Elle, qui de nature si polie, se sentait envahie de cette duperie, et en subissait les contreparties.

Cette petite fille aimait aussi dessiner.
Une voiture tirant une caravane, illustration de la grande aventure estivale. Évasion vers son paradis, aux odeurs de garrigues, de lavande, aux tons ocre, aux sons des torrents rafraîchissants. Et le chant des cigales. Les seuls qu'elle trouvait apaisants. Les autres la polluaient souvent.

Son crayon donnait vie aussi à des châteaux forts. Son côté princesse et chevalier. Sûrement aussi un havre de paix, de recueillement. Sa protection.
Mais de châteaux forts, elle n'avait point. Alors, elle se les inventait.
Même si cela ne suffisait.

Plus tard, devenue jeune fille, elle reproduira des traits, des esquisses, des vies et portraits.
Elle voulait dessiner des âmes, faire danser les cœurs, comme le sien le faisait. À l'unisson de ces visages qu'elle dépeignait.

En grandissant, exhalait son âme, valsait son cœur, grandissaient ses peurs.
Ses peurs, au sein de ses rêves. Ses cauchemars.
Ses allégories, ces illusions et désillusions.

Sournoises, insidieuses, irrévérencieuses.

Cette petite fille, si gentille, si douce et généreuse.

Tellement affable, qu'elle laissait en elle entrer vilenies et douleurs.
Sans s'en douter.

Ses rêves n'en étaient plus. Son atmosphère s'assombrissait, même lorsque le soleil offrait sa clarté.
Une ombre drapait ses châteaux forts, son armure de chevalier se brisait, sa douceur de princesse s'endormait.

Le soleil se levait. Se couchait.

L'aube pointait aussi sûrement que le crépuscule ouvrait la danse des vampires, des géants et des loups-garous. Aussi sûrement que les pleines lunes engendraient le rejet, les nausées.

Le bateau tanguait. Non pas d'ivresse. Juste déboussolé. Point d'étoile au Nord pour le guider. Point de berger.

Sa coque devenait coquille. Ses mâts ne hissaient plus haut.
Des années de navigation à l'aveugle. Plus de boussole. Plus rien n'avait de sens. De saveurs. D'odeurs.

Ou si peu. Un feu de paille. Une étincelle. Un feu d'artifice. Un chewing-gum qui éclate. Un éclat de rire. Un instantané.

Éphémères.

Le bateau avançait. Il tanguait. Il avançait. Il tanguait.
Il avançait.

Mais jamais ne vrillait. Ne se lassait. Il restait à quai. Puis continuait.

Où était passée la petite fille aventurière, artiste. Celle qui pétillait ?

Elle avait été emprisonnée. Par sa fragilité. Sa sensibilité.

Les bruits qui la polluaient, les peurs qui l'étreignaient, la vampirisaient. La vilenie, les velléités du monde qui l'encerclait. Trop grand, trop assourdissant, trop prégnant.

Ces ondes qui tambourinaient, qui l'envahissaient. Dont ses peurs se nourrissaient.

La jeune fille était devenue femme. Les larmes coulaient, les rires fusaient, l'incompréhension grandissait, les images défilaient. Les rêves noircissaient. Les journées chaleureuses, ou glaciales. En un claquement de doigts, le théâtre de sa vie se jouait, tantôt comédie, tantôt tragédie.
Il n'y avait plus d'armures, plus de princesse et l'artiste s'était tue.

Le théâtre était le lieu des faux-semblants, des tourments et des rêves échus.

Les mots ne sonnaient plus. Les maux ne tonnaient même plus.

Plus de théâtre. Un cinéma muet.
Et les spectateurs toujours là. Huant, vociférant. Transmettant leurs émotions à l'artiste déchue. Mise à nue, fragile, délaissée, seule sur scène.

Une étincelle vint. Dans le noir. Tapie dans l'ombre, au fond de ce mortifère dortoir. Derrière cette foule monstrueuse.

Une étincelle, puis une autre. Un feu de paille, puis un autre.

La pleine lune, le bateau qui tangue, les eaux tumultueuses, tempétueuses, boueuses. Les crocs, le sang, l'incarnation. La nuit.

Les étincelles. Les feux de paille.
Un embrasement.

Le voyage reprend. Cachée depuis tant d'années, en fond de cale, une boussole. Elle s'était arrêtée, telle une montre qui cherchait à stopper les années qui s'écoulaient.

Non point de paix encore. Toutes ces émotions absorbées. Ces situations imaginées, ces vies quasi inventées.

La petite fille qui partait si souvent dans ses histoires, s'est laissée conter celles des autres pendant tant d'années. Non pas qu'elle le voulait. Mais happée par sa trop grande générosité, par son cœur empli de sensibilité.
Et la femme qu'elle est devenue s'est vue obligée de le supporter. Fragilisée.

Comme cette boussole récupérée des tréfonds, qui a retrouvé l'Étoile du Berger. Le berger tapi au fond de la salle. Le berger blotti au fond de son cœur.

La coquille est alors redevenue coque. Les mâts ont de nouveau le regard vers le haut. Le vent du changement a soufflé.

Et cette femme hypersensible s'est réconciliée avec la petite fille. Elle a fini par l'accepter. Par lui pardonner. Même s'il n'y avait rien à pardonner. Elle l'a fait.

Elle s'est alors juré d'incarner cette force et cette fragilité. D'être une belle princesse, et le chevalier qui la conquiert. Une sportive qui matchait à la créativité.

Elle a traversé les océans et ses tempêtes, les nuits et ses tromperies, les déserts et ses mirages. Elle a subi les foules, les houles, les goules. Elle a connu les mises à nue. Goûté aux nausées.

La petite fille a grandi. Quand elle regarde devant, elle se voit marchant calmement dans les champs de lavande, pianotant délicatement les fleurs, dessinant une portée de parfums enivrants.
Le silence émanant de cette scène l'émerveille.
Il vient d'elle. Elle l'a créé. Tout autour d'elle.
Le ciel n'a pas de couleur. Il est là, infini, indéfinissable.

Les situations ne seront plus imaginées, seulement imagées. Dessinées. La palette de couleur sera vraie.
Les émotions seront acceptées, nuancées, distillées, diluées.

Le présent sera incarné. Posé. Habité. Habillé.

Plus besoin de châteaux forts. Ni d'armure.
Plus besoin de berger.

Le Nord a été trouvé.

***

Bubble-gum

L'hypersensibilité…

C'est un bubble-gum que l'on gonfle de notre souffle de vie et qui éclate à une vitesse folle pour nous éclabousser le visage.

Ou ce ballon de baudruche qui danse, se balance, léger, heureux, presque euphorique, qui soudainement se sent happé par les hauteurs, manque d'air, suffoque et explose.

Ce sont ces miroirs qui se reflètent, qui se projettent les uns, les autres, qui s'entremêlent, qui amènent l'étonnement, comme un chatoiement de sa propre image. Échos de l'âme. Tantôt harmonieux, tantôt dissonants.

C'est cette belle gourmandise, que l'on savoure en excès, qui chatouille le palais, qui réjouit les papilles. Cette jolie émotion qui enchante l'instant.
Un désir volatil et furtif. À trop vouloir chercher la magie, on tombe dans le maléfice. Et l'avidité nous emporte dans le précipice.

C'est cette pièce de théâtre où l'on joue tous les rôles, tour à tour, à une vitesse folle, sans connaître le texte, dans l'improvisation constante, perturbante, étourdissante.
C'est une distorsion de l'espace-temps, un vertige saoulant, une ivresse, assommante.
Cette sensation de toupie intérieure, d'un toboggan plongeant, d'un tourniquet s'emballant.
Loin des jeux d'enfants.

C'est ce bruit qui souffre du silence, c'est ce rire qui se mêle aux larmes, c'est cette lueur qui ne danse que dans l'ombre.
C'est cette peur qui se régale de ces douleurs, c'est cette horloge qui laisse échapper ses heures.

L'hypersensibilité, c'est un monde imaginaire bien réel, c'est l'esprit qui crée, façonne, voit au travers.

C'est le baiser du diable, la morsure de l'ange.
C'est l'aube et le crépuscule enchevêtrés.

C'est tout cela qui en fait son unique beauté.

***

Symbiose

Lorsque j'écris, c'est ma ligne de vie qui se reflète, et s'habille de légèreté.

Je peins mes mots, j'expose mes photos.

Je les dépose, les oppose, les appose. En symbiose.

Évanescence des pensées, permanence des écrits, tels une empreinte, un tatouage.
Quintessence de mon âme.

Ma plume retranscrit, avance, s'unit à mes traits.

C'est un moment de vie. Une partie de moi. J'avance grâce à cela.
Je guéris. Je souris. Je vis.
Puissance de mon âme.

Libérée.

Merci à la personne, qui se reconnaîtra, de m'avoir guidée vers l'expression la plus pure de moi.
Gratitude à vie.

***

Résilience

J'ai embrassé mes ressentis
J'ai choisi les énergies
J'ai libéré mes allégories
Peu importent les bâtons dans les roues, j'en ferai des marches-pieds.
Quelle que soit l'absurdité des situations, ma résilience finira toujours par l'emporter.
Et si la vie était un jeu ? Pas un combat, non. Un jeu. Simple. Quasi enfantin. Sincère, donc.

***

Ancrage

Je n'ai plus d'attachements pour ces personnes sans visage, sans trait, décharnées, aux émotions fanées.

Aujourd'hui, je ne crée plus de liens avec les jeux de vilains, demain m'appartient.

J'ai couru sur tant de routes, tourné en rond sur tant de chemins, désorientée, désincarnée. Sans boussole, connexion perdue, entraperçue, mal entendue.

Tout au long de mes voyages, par le vent, poussée, mes petits cailloux je semais. Certains se perdaient. D'autres me reliaient à mes ancres de paix.

Elles étaient mes leviers, ma reconnaissance désormais.

Hommage à ces personnes qui auront été des piliers lorsque les tempêtes menaçaient de m'emporter.

***

Fais un vœu

Viens mon ami, viens, prends ma main.

Laisse-moi te parler de demain.
Demain sera ton présent, prends ta plume, écris-le, écris ce que tu veux. Et fais un vœu.

Construis-le. Dessine-le, anime-le. Ne sois pas effrayé, non, exauce-le.

Sois l'écrivain, le lecteur, le narrateur.
Sois le peintre, la muse, l'enchanteur.
Sois le bâtisseur, l'architecte, l'innovateur.

Sois le médiateur, l'interlocuteur, celui qui relie les consciences, l'inconscience, en confidence.

Sois l'altruisme, la douceur, la justesse. Connecte-toi, n'aie pas peur. Ne te crains pas.

Relie ces âmes à ta candeur, dessine des ponts, sème aux quatre vents, et laisse prendre racine.

Unis-toi à eux, ta sensibilité est plus forte que leur malaise. Elle est la grâce face à la pitié, le miroir de tous leurs reflets.

Et toi dans tout ça ? Tu es la foi, l'éternité, le vent qui souffle dans la voile, la voile qui fait face aux vents. Tu es la pluie et l'abri déployé, tu es la peur et les bras protecteurs.

Apprends à être le guide sans jamais connaître le chemin.
Sois acteur de ta vie sans incarner celle d'autrui.
Sois ta valeur ajoutée sans te soustraire à ce qui t'entoure.

Ta complexité sera ta simplicité. Accepte qu'il fasse nuit pour vivre la félicité du jour. Et emmène le monde dans ta clarté.

***

Sur ma portée

S'harmoniser avec son hypersensibilité.

L'amadouer, finir par se lier d'amitié.

Autant faire la paix avec cette drôle de sororité. Jamais à moitié. Inéluctable entité.

Lui tendre la main et la découvrir. S'ouvrir au monde ensemble, quand l'incompréhension féconde menait à un chapelet d'insécurités.

***

Vivre

Chercher en soi. Fouiller. Explorer.

Quand on ne vous a pas montré comment faire. Pas d'images, pas de notices. Aucune explication. Blanc…

Comment aimer ? Comment s'aimer ?

Comprendre que l'image des autres, leur vie, leurs croyances, leurs limites ne sont pas le reflet de la réalité. Elle est leur réalité.

Apprendre à se détacher de leur monde fabriqué, façonné. Subi ou souhaité ? C'est leur réalité.

Je vais apprendre. Loin de vos idées, de vos émotions ravalées, de vos vies ressassées. Vite rassasiés.

Je vais m'aimer.
Jouer les notes de ma portée, danser et mon corps se libérer. Balayer ses draps blancs posés sur mes souhaits, dépoussiérer mes sens aseptisés.

Vivre.
Ressentir.

Exister.
Respirer.
Inspirer.
Expirer.
Exprimer.
Dessiner.
Colorer.
Créer.
Avancer.
Renaître.

***

Libérée

Contrer la montre, dissiper les peurs, faire traire les agitateurs.

Se fermer, faire silence, appel en absence. Je ne serai plus happée. Je les zappe. De ma tête, de mon corps. Haut mon cœur. Qui fait barrière. Rejet.

Ils n'auront plus ma présence. La ligne est rompue. Déconnectée. Leur numéro devient faux. Même si certains font encore semblant, je ne les crois plus.

Je trace ma route, j'en fais mon chemin, c'est le mien. Plus de lien.

Dénouée.

#liberté.

***

Sans clichés

Savoir mettre des stops. Quand ouvrir la porte.
Quand s'ouvrir aux autres. Quand se réfugier et boucler l'entrée.

Quand s'en mêler, comment se mêler, sans s'entremêler.
Savoir dire non, oser le oui, poser les gonds, avoir envie.

Être soi, avoir foi, être à même, dire je t'aime. À toi, à moi. Assieds-toi. Tu es prêt. e ? Je vais te raconter.

Le passé, l'instant T, ce qui n'est pas encore arrivé.
Les hésitations, les lamentations, les soumissions.
Les questions, sans réponse, les non-dits, les énigmes, les arrière-pensées. Les écrits, les ratures, les tatouages, les reportages.

La lumière, les éclats, sans voix.

Le pétillement de ma vie, le grand huit infini, l'émerveillement du simple, l'enchantement du beau, la pureté comme amie.

Donne-moi ta main, je vais t'emmener loin. Mes méandres, mes voyages, mes jours et mes nuits.

Je vais t'exposer mes instantanés, sans clichés. Au révélateur de mon cœur.
Laisse-moi te développer.

Et suis-moi dans mes chapitres. Ma vie d'avant, mon cadeau et mon présent.

Installe-toi. La pellicule est enclenchée. Je te laisse gérer les entractes.
Éteins les éclairages.

Prêt. e ?

5, 4, 3, 2, 1… c'est lancé !

***

Autorisé ?

Ouvrir la porte à ceux qui veulent la prendre. Fermer mon âme à ceux qui pourraient s'y répandre.

Laisser aller, me laisser quitter, laisser passer et m'éclaircir les idées.

Entrer en contact avec mon être et non mon avoir.

Je ne vous posséderai plus malgré moi. Je ne serai plus esclave. De maîtriser, je ne connaîtrai plus l'entrave. Et je ne m'attacherai plus aux épaves.

Je suis la Dame sur l'échiquier qui envoie tout valser. Je libère mes pieds et poings trop longtemps et ardemment liés.
Je sors enfin de l'eau, il fait beau vivre. Liberté.

Sortez de ma vie.
Pour y entrer, pensez désormais à me demander.

***

Lumière douce

L'hypersensibilité n'est pas une force.
Elle est la douceur.

Elle est la candeur qui se pose sur la brutalité. Elle est la bienveillance qui calme l'arrogance. Elle est l'empathie qui drape l'individualisme.

Elle dialogue, communique, tend la main. Elle ne combat pas, elle s'assied et apaise.

Elle n'illumine pas, ni ne pétille. Elle est lumière tamisée, douce sensualité.

Elle est flamme qui ondule, bercée par les vents, de l'aube jusqu'au crépuscule.

Elle est l'écrin de mon passé, la magie de mon présent. Un cadeau pour mon avenir.

***

À mon gré

Je ne veux plus de simulations. Je veux du vrai, de l'authenticité.

Pas besoin de stimulations. J'avance selon mon gré, liberté.

Nulle nécessité de me bousculer, ou je vous laisse à quai.

Mon hypersensibilité, ma réalité.

***

Parchemin

Je ne peux y échapper, je ne peux que constater.

Me protéger au mieux. Adoucir mon intérieur, quand l'extérieur m'enfonce ses pieux.
Me baigner de lumières, parce que les ombres oppressantes.

Je ne peux que m'appuyer sur ce qui peut me faire avancer. Non pas une béquille ni un soutien. Simplement mon intime foyer, mon parchemin.

Me sentir insubmersible quand les affres de ce monde déferlent telles des hordes affamées sur leurs proies.
Ne plus me sentir actrice lorsque le film devient cauchemar. Juste une spectatrice de leur théâtre de marionnettes.
Mon âme ne sera plus souillée par ces nuisances.

Désormais, mes pas seront à moi, mes danses, mes entrechats.
Mes peintures et mes entrelacs.
Nouer, dénouer, lier, relier, délier, délivrer.
Liberté de pensées.

Je serai éternellement connectée.
À ma guise, je couperai les flux.

À mon gré, je me délesterai du superflu.
Blanc ou noir, la tête dans l'entonnoir.
Où tu ne vois qu'un miroir, je vois le début d'une histoire. Alice et son terrier, l'imaginaire aux mille reflets.

Où tu sèmes une graine, je goûte déjà le fruit.
Où tu ne vois qu'une chrysalide, je déploie dès lors mes ailes et vogue à l'infini.

Mes pas s'unissent à la terre, ma tête s'éprend des hautes sphères.
Je voyage sans bouger, je flâne en accéléré.

Tes mots me racontent des histoires, je peux me laisser bercer.
Tes mots me racontent des cauchemars, et me voilà transpercée, heurtée. Hors la raison. Et mes maux passant alors difficilement.

Ces mots. Vivre leurs échos.
Et finalement, parvenir à s'en amuser.
Histoires enchantées.

***

Hyper héroïne

Finir par en rire.

Alors, se dire que de nombreuses étapes ont été courues, que maints cols se sont vus franchir. Avec ardeur ou lenteur, inquiétude et courage.
Différentes émotions, multiples couleurs, où énigmes et sortilèges ont ponctué mes odyssées.

Ce sont les héros qui partent à l'aventure, non ? Suis-je de cette trempe ?
J'ai nagé et la noyade frôlée, j'ai sauté et les trous m'ont souvent happée. J'ai souffert puis ai surmonté affres, brûlures, et autres crève-cœurs.
J'ai aimé, de ces histoires écourtées par les chemins malaisés.
J'ai gagné, de ces gloires éphémères rattrapées par les chapitres d'après.
J'ai tendu la main, relevé mon prochain.
J'ai saigné.
J'ai soigné.

Je m'en vais lors vers le soleil couchant.
Demain, une nouvelle aventure m'attend.

Oui c'est vrai, je suis de cette trempe.
Une hypersensible.
Une hyper-héroïne.
Aujourd'hui, le ciel est gris, et mon cœur le suit.

***

Yin-yang

Soyez l'ancrage de votre cerf-volant, le socle de votre hypersensibilité et ses élans.

Soyez l'attache de vos échappées, les racines de vos envolées.

Soyez la douceur de vos affres, le port de vos tempêtes.

Soyez le bon de la brute. L'antidote de sa toxicité, la sobriété de ses excès.

Acceptez votre hypersensibilité, elle est votre fidèle destrier. Voyagez avec elle, riez avec elle, faites l'amour avec elle. Pleurez sous son aile. Faites de vos couleurs un arc vers le ciel. Grimpez vers votre apaisement, et consolez-vous des incompréhensions d'antan.

***

Sommets – profondeurs

Partir à l'aventure, en oubliant parfois de boucler sa ceinture. Dessiner, avec une gomme à sa portée.

Prendre le large pour ne plus être vue.
Revenir par peur de l'inconnu. S'acoquiner du superflu, puis se délester du déjà-vu. Souffler sur la braise, se sentir à l'aise, les idées crépitantes.
Chercher l'apaisement, se réfugier un temps, doucher les pensées, juste après.

Aimer le contact, accueillir la solitude. Écouter la musique. S'harmoniser, battements de chœurs, se balader sur la portée.
Puis soudain s'essouffler, perdre pied.
Silence. Accordés.

Rire aux éclats. S'illuminer. Le chapitre enchanté. Danser, se laisser transporter, planer.
Atterrir d'un coup. Apesanteur. Violence.
Légères lourdeurs.
Lumière ombragée.
Réalité imaginée.
Un labyrinthe. Errement. Faux-semblants. Des miroirs montrant les chemins.

Le manège déchanté, ticket illimité.

« On » appelle ça des sautes d'humeur. « On » dit « ne pas savoir ce que l'on veut ».
« On » dit. Sans savoir. Sans s'émouvoir.
De ces histoires intérieures, de ce puits qui n'en finit jamais.

De cette vie qui tantôt côtoie les cimes.
Qui tantôt se noie dans les abymes.

***

Lâcher prise

Finir par s'ouvrir, pour grandir.
Briser les murs, pour ne plus être dans le dur. Discerner et accueillir, les énergies, le tourbillon de la vie.

Évoquer son passé sans se blesser, se confronter aux mouvements, aux intempestifs battements. Ne plus finir, simplement partir. Sans se départir. De sa sensibilité, de sa générosité.
Partir se ressourcer, et respirer.
Se poser.
Et revenir.

Délaisser l'armure. Oser l'aventure. Être amoureuse aussi. De la vie, de ce que je suis. Laisser pénétrer la lumière, me laisser caresser par les atmosphères.
Se glisser sans bruit au cœur de la nature et ses contours envoûtants. S'offrir à la nuit, sa magie et ses diableries. S'ouvrir au jour, goûter à l'humidité de la rosée et s'en délecter.

Ressentir, s'embellir.

Vivre.

***

Création

Accorde-toi ta liberté ! Celle d'aimer, d'être aimée, pour l'éternité, ou juste en instantané.
Entre dans la danse, vis ces moments intenses, quasi en transe.
Va loin, ne reviens pas, brave ta culpabilité, pense à toi. À ces années qui vont filer. Ne te laisse pas happer par cette vulnérabilité, elle n'est que reflets de tes pensées.
Imagine ta force, ta combativité. Peins ta destinée, adapte-la à tes souhaits.

Tu vois l'horizon ? Multiplie-le, dessine tous les chemins pour y accéder.
Tu vois cette clé ? Reproduis-la, autant que volonté. Ouvre les portes, ne les referme pas une fois passée, laisses-y s'engouffrer tes vies d'antan. Elles sont ton recueil, ta mémoire.

Allez, saute le pas, et laisse-toi aller.

***

Envol

Accepter son passé. Non pas vouloir le laisser se consumer. Juste l'accepter, le choyer.
Je suis là parce qu'il a été, par ce qu'il m'a marqué, tatoué.

Il m'a brisée. Je me suis recollée. Morceau par morceau, je les ai retaillés, remodelés.

Il est aujourd'hui ma mémoire, mon grimoire.
Mon accompagnant sur le chemin. Il ne brisera plus mes espoirs.
Il ne sera plus mes cauchemars.
Il sera mon perchoir.
Mes yeux tournés vers l'horizon.

3, 2, 1…

***

Mes envolées

Je ne suis plus en concurrence. Plus de compétition, de comparaisons.

Je ne suis plus celle que la société aurait voulu que je sois.
Cette société du chiffre, du sans foi, du trop de lois. Du cadran qui tourne trop vite, du quidam qui se précipite. De l'artefact, de l'impalpable, du superficiel.
Des feux d'artifice qui n'illuminent qu'un faible temps, pour finir en charbon.

Plus de duels, plus d'obsessions du dénouement. Du numéro qui n'a de valeurs que celle que chacun lui accorde.
Plus de mécanismes rouillant, lourds et sourds. Qui atterre, sonne et comme une crasse rengaine, résonne. Et déraisonne.

L'amour du jeu, le cœur malicieux, l'ego dans la poche, laissé au repos.
Les menottes ont éclaté, les bracelets délaissés.
Les boulets ont valsé. Pour la danse, désormais, c'est moi qui crée la chorée.

Hashtag liberté.

***

Écoute

« N'en fais pas des caisses ! »
Dis comme ça, quelle maladresse.

« Tu changes d'humeur sans cesse ! ».
Enfonce-moi, encore et encore. J'ouvre le tiroir-caisse.

Tu me juges, Je ne te ressemble pas. Alors, tu ne comprends pas.
Interroge-toi, questionne-moi. Ne reste pas là et demande-moi.

Enrichis-toi, communique. Écoute-moi.
Accepte-moi.
Et tu verras…

***

À pas de loup

Je me protège, je te semble distante, froide, ou pourquoi pas, sûre de moi, ça dépend des cas.

C'est que tu parles trop fort. Même quand tu ne dis rien. Trop sonore. Et ça heurte mon corps.

Oui, j'aimerais me dépecer de cette carapace, ouvrir le cadenas et laisser un peu d'espace pour toi. Seulement, je te le redis, tu parles trop fort, même quand tu t'éloignes de moi.

Alors quoi ? Je me détache pour m'attacher ? Je laisse tomber pour mieux chuter ?
Si tu es prêt à chuchoter, à me laisser respirer. À t'approcher doucement, à pas de loup. Je me démasquerai.

Je ne te permets pas de pénétrer mon intimité, sans avoir demandé. Ne me braque pas. Le trésor s'envolerait.

Sois silence et je te suivrai dans cette danse.
Sois l'onde qui glisse soyeusement, je vibrerai en cadence.

Sois la justesse.
Et je serai à confesse.

***

Pour que l'apaisement circule enfin en moi
Pour qu'il se diffuse dans les moindres recoins

Mon corps,
Véhicule enfin lancé !

Remerciements

À mes parents, mes frères, mes amies, mes boussoles, à celles et ceux qui ont compris qui je suis, qui ont voyagé sans préavis dans mon grand huit, puis qui ont considéré mon apaisement avec tant de bienveillance.

À Jacques, Gaëlle et Caro, qui ont apporté par leur enthousiasme et leurs talents leur pierre à cet ouvrage.

À ma mère, mon ancrage, à L. et notre incroyable lien, et à A.R. qui aura été une marraine, la bonne fée dans mon carrosse cabossé.

Paix.

Table des matières

Incompréhensions 11
Meute 13
Écho 14
Oscillation 15
Aspirée 17
Hurlement 19
Obscurité 20
Vrille 21
Déconnectée 22
Sorcellerie 23
Poison 24
Gouffre 25
Coquille 26
Errance 27
Conditionnel imparfait 28
Anormal ? 29
Rejet 30
Hurlements 31
Parasites 33
(Dé) charge 34
Prise de conscience 35
Intérieur 37
Profondeur 39
Vertiges 40
Cacophonie 41
Démasquée 43
Tableau 45

À toi 46
Sourire 48
Apaisement 50
Résilience 51
Trop plein 53
Foi 54
Colorée 55
Connexion 58
Dons 61
Miroir 63
Balade 64
Vertiges 66
Manège hanté 68
Fée cabossée 69
Tempo 70
Mes ailes 71
Équilibre 73
Brume 74
Brûlure 75
Présent composé 76
Accepter 77
Briser le miroir 78
Métamorphoses 80
Tatouage 83
Histoire(s) 84
Se relever 85
Laisser partir… 86
Liberté 87
Il était une foi(s) 89
Bubble-gum 95
Symbiose 97
Résilience 98
Ancrage 99
Fais un vœu 100
Sur ma portée 102
Vivre 103

Libérée 105
Sans clichés 106
Autorisé ? 108
Lumière douce 109
À mon gré 110
Parchemin 111
Hyper héroïne 113
Yin-yang 115
Sommets – profondeurs 116
Lâcher prise 118
Création 119
Envol 120
Mes envolées 121
Écoute 122
À pas de loup 123

Imprimé en Allemagne
Achevé d'imprimer en février 2024
Dépôt légal : février 2024

Pour

Le Lys Bleu Éditions
40, rue du Louvre
75001 Paris